JN439745

목련이웃

변 송 시집

변 송 시인은 2012《문학예술》 시부문 등단. 한국문학예술가협회, 부산시행정동우문인회 회원. '그림나무시' 회원으로 활동하고 있습니다.

변 송 시집

목련이웃

지은이 변 송
펴낸이 최명자

펴낸곳 책펴냄열린시
주소 부산광역시 중구 동광길 11, 203호
전화 051 464 8716
출판등록번호 제1999-000002호
출판등록일 1991년 2월 4일

인쇄일 2015년 5월 12일
발행일 2015년 5월 15일

값 8,000원

ISBN 978-89-87458-89-2 03810

국립중앙도서관 출판예정도서목록(CIP)

목련이웃 : 변송 시집 / 지은이: 변송. -- 부산 : 책펴냄열린시, 2015
p. ; cm

ISBN 978-89-87458-89-2 03810 : ₩8000

한국 현대시[韓國現代詩]

811.7-KDC6
895.715-DDC23 CIP2015012305

□자서

다시 타는 등불로

시의 관문을 밀고 들어와 버티어내기 힘들 것이라 예상했듯이 창작 활동은 쉽지 않는 노동이다.

철학자는 관념으로 말하지만 시인은 은유의 세계에서 유영할 것인지, 어떤 감각적인 시어들을 출산할 것인지 고민해야 하기 때문이다.

고정관념의 틀을 벗어나 새로운 의미를 부여할 수 있도록 상상력 훈련을 통해 낯설게 보는 작업을 끊임없이 해야 한다는 말씀을 기억하지만 실행이 무척 어려운 일이다.

눈을 훔치는 글보다 가슴을 흔드는 글이 되고, 가장 쉬운 일상어로 마음에 남는 시를 쓰려고 노력했다.

흘러간 빗물이 나무뿌리 적시듯 마음을 적시며 사람 사이를 흘러 소통되리라 믿는다.

인생 이모작에 열정으로 다시 타는 등불이 사위지 않도록 의자를 앞당긴다.

2015년 봄

변 송

1

2

3

4

1

봄비

발걸음 소리 크게 울리며 다가와
목마른 뿌리에 손길을 주고
등줄기 젖은 고라니가 풀냄새에 쫓긴다

더러는
바위를 깨뜨려 속이라도 적셔줄 듯
물안개에 쌓여 큰 키로 내리면
초록은 품에 들어 젖는다

구름을 안고 가는 두견의 몸짓으로
봄을 촉촉이 적시고
골짜기는 물소리를 나눈다

깃발을 열망하는 미루나무 새 잎은
함성으로 솟아
기지 끝에서 휘피람을 불고 있다

동백나무

먹구름에 가려진 태양은
언 하늘 녹이느라 다가옴이 더딘데
눈밭에서 횃불 켜들고
제 몸을 불사르며 기지개 켠다
누구를 사모한 성급함이
망울 터뜨려 불꽃 지피고
얼마나 뜨거운 연정 품어
찬 눈발 이고 버티어 섰을까

꽃치마 한 겹 걷어 올려
벌 나비 애무를 받지 못해도
애기 볼에 밝은 미소와
숨겨둔 향기로 유혹한다
아직 깨어나지 않은 목련나무 아래
눈 쌓인 달콤한 가지에서
동박새 목이 쉰 노래에
멈춘 봄이 걸음을 재촉한다

갈대

슬프다

한 세상 살아가며
마디마디 힘들고
홀씨주머니 채워 주느라
거덜난 빈 대궁을 보듬어 안는데
씩씩한 바람은
가슴을 서럽게 울리고 간다

외롭다

곁가지 하나 없이
바람 불어 드러누우면
구름도 멀어지고
한해살이 끝자락
깃털 하나로
풀씨가 되어 떠난 자리가

가을장미

화명동 북구청 들어설 자리에
장미마을이 꽃을 열었다
거대한 바윗돌에 문패 새기고
들머리에 버티고 섰다

이름 각기 다른 숱한 장미가
집성촌을 이루고
오월이 되었을 때 마을은
향기로 떠내려갔다

꽃잎에 새겨진 벌 나비 발자국과
바쁜 날갯짓이 퍼 나르는 색색들
불볕에 더욱 짙게 타더니
상강에 내리는 서릿발에도
사위어지지 않는다

계절을 버린 요염한 웃음이
낙동강 바람타고 오르면
금정산에 걸린 구름도 길을 잃고

직박구리들 노래에 빠져 든다

강물

노래는 춤이 된다
빈 나무 가지 타고 온 빗방울이
마른 풀잎 문을 열고
빛이 오는 여울목에 닿는다

에둘러 가는 실개천
바위를 만나 곤두박질치고
소용돌이로 물거품 지운다
한겨울 얼음장 밑을 돌아 나와
궂은 날 진흙 밭에 발을 넣고
굴곡진 사다리를 타고 오른다

거친 들판을 거닐며
언저리 풀잎도 일으켜 세우는
수심 깊은 품만큼 나누어 주고
하늘 숨결로 이마 끝에 남는다

개망초

듣기 민망한 이름 붙여놓고
발길은 멀리 돌아서갔다
묵정밭에서 바람과 어우러져
작은 구름꽃을 이루었다
단맛 없는 마른 입술로
유혹을 포기한 꽃술은
나비가 보내는 냉소를 받아도
오뉴월 비수를 품지 않고
낯가림 없이 눈길 따라
빛나는 웃음 던져주는 꽃
손길 주어야 다가서는
포근한 한 울안 식솔
늦은 봄이 가는 길목을 지키다
가을 문턱에서 태양을 배웅한다

낙엽

가지에서 화려한 시간이 떨어진다
노을이 반짝이며
정오를 돌아 이름을 바꾼다
대지에 입맞춤한다

아직 잃지 않은 고운 얼굴
숲속으로 안개를 끌고 가며
나무 시린 발등을 덮어준다
봄 되면 터뜨릴 꽃망울 숨겨
찬바람을 돌려 세운 뒤
제 몸을 태워 흙이 된다

도루묵

강원도 동북부 7번국도 따라
집 나간 딸들이 김장철에
만삭 몸으로 그물 넘치게 올라오는
별난 이름 생태어

혀끝에 감기는 알집 잔치 벌어져
섣달 해변을 녹인다
선조임금 피난길 입맛을 붙들어 매었으나
환궁 후 본맛을 지켜내지 못해
하사한 이름을 빼앗겼다

양은냄비에 달궈진 매운탕이
낯선 이의 별미가 되었다
심해 깊은 맛을 찾아
힘찬 물질로 떠나는
동해 도루묵 지느러미를 붙든다

단풍

물 오른 가지 끝 움켜잡은 손
놓아야할 시기를 알고 있는 나무
그토록 푸르던 잎을 떠나보내는
어둠이 저미는 뼈 속이 아프다
바스라질 허공 속으로 떠나기 전
옷 한 벌 갈아입히는 어미 마음이
이토록 붉은 눈물에 물들었다

여름날 빗발치는 빛의 칼날을 피하고
비바람 잎새로 흘려보낸 흔적은
나뭇가지에 걸어놓고 다시
돌아올 날을 기다려야 하는 마른 잎

새벽이슬로 닦아낸 정갈한 몸에
햇살 한 줌 걸치면
타오르는 눈빛으로 일렁이고
푸른색의 절정에서
붉은 연정은 입맞춤을 품고
먼 길 떠날 채비에

온 몸이 가늘게 떨리고 있다

봄이 오는 소리

개구리 동토 풀고 어둠을 뱉으면
언덕에 냉이 잎이 바람을 타고
연둣빛 물결은 가슴에 출렁인다
느티나무 우듬지 흔들어 놓고
목련나무 가지로 옮겨 가는
곤줄박이 소리에 고개 돌리면
껍질 터뜨린 새순이 하는 배냇짓

먼 귀향길에 오른 가창오리들
하늘에 점 찍은 듯 멀어져 간 뒤
밤새 내려온 아기천사들
매화나무에 걸터앉아
이슬 젖은 날개를 펼치고 있다
사흘쯤 후에는 향기를 만날까
까치부부 수다 높아도 여인은
치맛자락 잡고 사뿐히 걸어온다

산사山寺의 밤

황금날개 서쪽으로 잦아들어
금정산 원효봉 머리위로 넘어가면
땅거미는 무위암에 노숙을 청한다
밤길 나선 달빛이 홀로
절집 마당 발자국 지우고 걷는다
귓불 시린 밤바람은 탑돌이에 빠진 채
섬돌 위 고무신 코 안에 어둠을 숨긴다

햇귀가 아침 물을 길어 올려
어둠을 딛고 선 밤이 창백해 질 때
피안에 닿게 할 독경에
몸보시 하는 촛불이 떨고 있다
이뤄야 할 향불이 법당 안 가득히
비구니 합장이 길어지면
백팔번뇌 씻어 내릴 목탁소리는
흔들리는 풍경에 적요를 단다

섬

해일 검푸른 숨소리에 춤추며
밀려오는 물이랑은 뭍 소식을
해벽에 새겨 놓는다
이마에 남긴 도요새 발자국마다
갯내음 고여 돌게 유혹하고
먹이 찾기에 지친 갈매기
파도 덮고 누운 갯바위에 앉았다
발목에 물보라 부딪치며
지칠 줄 모르는 출렁거림이
잠들지 못하는 가슴에 이어진다
벼랑끝 등 굽은 노송은
파도가 이는 뜻을 깨우친 듯 말이 없는데
산과 바다가 서로를 위해 손잡으면
몽돌은 해무와 정담을 나누고
노을진 섬 자락에
달빛이 어둠을 밟고 선다

성류굴

억겁 눈물이 흘러
석회암 녹여낸 빈 가슴
돌산에 감추어 온 속살을
수줍게 드러낸 틈새
햇살 등진 뒤안에서
곧은 석순을 기르고
물구나무 선 종을 세웠다

오작교와 은하수는
어머니 체온으로 다독여
돌부처도 모르게 지켜왔고
임진왜란 갇혀 죽은 오백여 원혼은
종유석 눈물이 되어
은하천에 파문을 일으킨다

그대는 슬픈 조각가
몰래 어둠을 닦아낸다

와인터널

청도 남성현 숨찬 고개를
기관차 두량으로 끌어 올리던 그때를
천장 그을음이 되새기고 있다
산울림과 기적을 싣고 떠나
철길은 사라지고 낡은 터널만 우두커니 서있다

통째로 기차를 삼키던
겁 많은 어둠이 도사리고 있는 곳
와인은 숙성된 색으로 발을 붙들어
만남이 달콤한 축배잔에
웃음이 향으로 넘쳐흐르게 한다

토속주 명성이 더해진 맛에
거꾸로 박힌 술병이 취기를 불러와
마주하는 눈빛이 더 반짝이고
반시감 숙성되는 터널 안
감 발자국 짙게 깔린다

창선대교

시간에 묶인 뱃길이
태풍에 덜미 잡히면
찾아 온 한 밤 복부통증에
고통을 더하는 바다가 있다

에둘러 가는 길 가로질러
뭍과 섬을 이어준 가교는
사라진 뱃길 위에 시간이 풀려나고
바지랑대 같은 주탑이 들어올린
떠있는 길로 바다 위를 달려본다

닭꼬지처럼 연결한 섬들
환상의 길이 열리고
우레 요란한 물줄기 쏟아져도
피안에 닿는 걸림돌이 없다

오어지

나의 고기는 어디 있을까
들머리에 벌써부터 만수위로
물고기를 품고 있는 오어지
물비늘 잦은 떨림이
내 안에 가야금 현을 울린다

원효암과 자장암을 이어주는 다리는
저수지 가로질러 내 갈 길과 맞닿고
깎아지른 벼랑은 사다리가 되어
고기떼들이 하늘로 오른다
노송이 등 굽혀 물고기 유영을 살피는데
진달래는 분홍빛 웃음을 띄운다

머리 위에 원효암을 이고 선 운제산은
물에 발을 담그고
후손이 찾아가는 물고기를 전해줄 듯
때때로 공기방울 밀어 올린다

*오어사 : 경북 포항시 남서쪽 운제산에서 원효대사와 혜공선사가 함께 수도하면서 개천의 고기를 삶아 먹고 난 뒤 생환토록 시합하여 한 마리가 헤엄치자 서로 자기가 살린 물고기라 하였다 하여 吾魚를 붙여 오어사라 하였다.

청사포

눈먼 달빛이 가끔씩 둘러가는
해안길 따라 혼자 걸어도 좋은
찻잔 나눌 시린 물빛도 있다
갯내 풍기는 등대불빛도 가까이
밀려오는 파도를 마주 앉아
눈빛을 주고받을 주막도 있다

이른 소슬바람 찾아오는 바닷가
지아비를 기다리는 지어미에게
푸른 뱀이 이끄는 대로 용궁에서
바다로 떠난 지아비를 만나보았다
마을 굽이진 해벽 위에 앉은
포구 소나무가 지어미를 닮았다

동해남부선 폐선 위를 따라 가는 길에
달빛 윤슬이 눈부신 깊은 밤
마주한 등대는 파도소리에 젖어
바다 쪽으로 몸 구부린 망부송
기다리는 시린 눈가에

먹빛 시간들이 이어지고 있다

화명역

낙동강변 빛이 좋은 간이역
2004년 시그널 불빛이 바뀌어
대합실 빗장이 열리고
키 낮은 애마가 쉬어가는 곳
스쳐가는 특급행 기차가 바람만 갈라놓고
하루에 서너 편 승객으로
대합실은 정적으로 숨 가쁘다

예순여덟 계단 위에 외면하던 역사는
지난해부터 승강기 오르내리면서
낙동강 조망하는 전망대가 되어
연인들도 간간이 기웃거린다
기다림과 설렘 싣고 기차가 지나가고
대동화명대교와 강변 풍광의 주역으로
오가던 가족 영상으로 채워져
돌아서기 못내 아쉬운 간이역

가로수 사랑

매연에 찌든 공기를 들여 마시고
산소를 뿜어내 길을 밝힌다
넓은 잎으로 자외선을 반사시키고
이마에 따가운 햇살을 가려 준다

상가 앞 길섶에 나무들은
이삿짐에 받혀 긁히고
통신케이블에 가지가 꺾여
상처 없는 나무 보기 힘들다

간판 앞에서 얼굴 가리고
물품 운반에 걸림이 되어 잘려나간다
걸레 빨던 구정물 덮어씌우고
끽연자들은 꽁초까지 비벼 끈다

인근 가게와 자매결연 맺어
비파나무 열매 주고
구지뽕나무 잎사귀 나누면
빛나는 거리에 나뭇잎도 푸르다

카나리아

아프리카 노을 지는 숲에서
관상조 다문화가족이 된 카나리아
여배우 머릿결 모양 깃털이 좋아
발코니 일부를 점령당했다
창밖이 어둠에 젖어들면 눈꺼풀 내리고
햇귀 오름을 알리는 알람이 된다
꾀꼬리도 흉내 못낼 세레나데에
문밖 초인종이 모창을 한다

머리 나쁘다는 편견에 수모를 겪지만
둥지 트는 장인 솜씨와
뱃속 모이를 깻단 털듯 토해내
식솔 거둠에 하루 해가 짧기만 하다
날개를 펼칠 수 없는 공간에서
짙은 몸짓으로 포옹하며
아프리카 초원을 다녀온 듯
횃대에 연거푸 부리를 훔치고 있다

2

출항

방파제를 삼킬 것 같은 높이와
종일 사투를 벌인 어부는
등대에 기대어 어둠을 덮고
항해지도에 빠져 든다

먼 바다에서 비수를 품은 해일이
한 판 결전을 벼르고 있을 것이다
죽살이 끈을 놓지 못한 어부는
다가 설 여명에 눈을 붙이고
비린 만선의 꿈을 포기하지 않는다

손바닥은 늘 젖어 있어야 하고
선착장 불빛이 야위어지기 전
바람이 어둠에 잠든 사이
어부는 항구를 박차고 나선다

탈춤

허리 굽혀 사는 일이 힘들어
하늘 들이는 몸부림이었고
풀잎 언어를 들어주는 이 없어
별빛에 호소하는 수화였다

손가락 굽혀 조롱하고
힘없이 떨군 고개를 젖혀들고
기둥을 바로 세우려는 힘줄이
신명난 어깨위에 돋는다

말뚝이와 상좌가 탈을 쓴 채
접어둔 속내를 펼쳐놓고
맺힌 설움 풀어주는 강물이다

몸짓으로 외치는 아우성에
저당 잡힌 가슴 후련해지고
북소리 장단에 깨어나는 별들
하늘이 잠을 깨운다

팔도시장

잠든 막내가 뒤척이는 모습 선해도
관절염 앓는 무릎 일으켜 세우고
새벽공기 가르는 골목 안
딸 셋 가진 엄마
버거운 등짐 벗어두고
떠나버린 기둥을 탓할 겨를도 없이
팔도시장 모퉁이에 낮은 좌판 펼쳐놓았다
수세미가 다 된 손으로 이어가는 하루
어렵사리 쌀독을 채워왔다
질퍽한 맨바닥에 쪼그려 앉아
비닐봉지에 담아주던 넉넉한 인심
마수걸이 지폐를 이마에 붙이고
하루의 바쁜 손을 꿈꾼다
해거름녘 길어진 그림자가
떨이생선 눈빛 속에 드리워질 때
막걸리 힌 순배가 피로를 마신다

*팔도시장; 수영 로터리에 인접한 재래시장

폐타이어

광장 자투리에 놓인 타이어
발바닥이 상처투성이다
눈길에서 벗어나 말라가고 있는
한 때는 통통 뛰던 신발이었다

어둠을 건너 안개를 지우며
언덕길을 넘어오지 않았던가
흔들거리는 자갈밭도 가야한다는
등 떠미는 엄숙한 소명을 따랐다

가시밭길을 걸어온 맨발이었을까
바람 빠진 몸으로 누워있고
버림받은 텅 빈 가슴에
구멍을 뚫고 비를 맞는다

햇살 부신 한낮을 지나
더 버릴 것 없는 빈 몸으로
머물던 자리에서 가랑잎처럼
돌아눕지 못하고 잠에 든다

아픔

놓지 못하는 잔에 술이 깊어져도
피는 때때로 게을러지고
벼랑 끝에서 삼켜보던 연기는
혈관 속을 어둡게 했다
흰피톨 가는 길 막히면
쉬거나 에둘러가는 여유 없이
걸음 멈추어
종아리에 송곳으로 달려든다

갈 길 재촉하면
숨을 멈출 지경에 이르고
전기 톱날이 다가오기 전
피의 길을 뚫어야한다
잔을 부딪치는 미소보다
부서지는 의자에 앉았다
밝은 시간은 시나브로 떠나가고
빈 잔에 손자국만 남아있다

열차는 떠나가고

파도에 기적소리를 남기고
산구비를 돌아 바다를 가던
달맞이곶 동해남부선은
해운대 모래밭을 파도에 맡기고
낡은 철길만 비워 두었다

네온 불빛 밝던 해운대역은
장산자락으로 숨어들고
왕복으로 달리는 기차를 기다렸다
잘려진 폐선으로 남은 해벽길
숱한 이들이 뱉어낸 언어가
침목을 떠받드는 자갈로 소곤댈 때
열차는 꿈을 싼 보따리를 날랐다

버릴 수 없는 80년 바람길을
달빛만이 돌아나가고
목 쉰 철마가 돌아오지 않는 청사포에서
푸른 뱀이 망부송을 타고 놀았다

옥상

눈물도 뒤척여 말리면
웃음으로 피어나는 봄날 한 낮
옥상 난간에 걸친
목숨줄 꼭 붙든 배냇저고리
한 아름 햇살 품에서 곤히 잠들었다
하늘에 걸린 하얀 깃발에
유년은 꿈을 부풀리며
여태 배냇짓을 못 버리고
손금 움켜쥐고 태어난 눈망울에
별빛은 푸르게 빛난다
가끔 바람 몰려와 흔들어 대면
벼랑끝 자일 잡은 듯
햇빛 아래 힘주어 매달린다

자유

승학산을 넘어가는 쇠기러기떼
허공을 가르고 바람을 짚는다
온몸으로 점묘화를 그리며 가고있다
뒤에 남은 제비도
허공을 휘저으며 배불리 먹고
전기줄에 앉아 떠날 채비다

뒷숲에 자리 잡은 박새는
들판을 온통 비워놓고
숲속 그네를 즐기다가
떨어진 낟알에 식욕을 얻어
여울목에 날개를 씻고
감나무에 걸린 낮은 하늘로 솟구치면
열어젖힌 창에 편지가 온다

흰지팡이

검은 안경 품새의 나들이
가로수 발등에 밀려 불거진 보도에
촉각 곤두세워 흰지팡이 토닥거린다

눈 밝은 사람이 만든 건널목 찾아
빨간 신호등 앞에 서서 늘
돌아갈 정류장을 기억해야 한다

지름길로 횡단하는 일 없고
이끼 낀 옷을 벗어 버린 돌부처인양
엎어져도 내 탓이오

바람이 풀잎 잡고 오르는 언덕에서
햇살 맞으며 정강이뼈에 힘을 줄 때
검은 안경이 빛을 따라 간다

종이컵

버스 승강장 의자에 놓인 종이컵
들고 갈 수 있는 주인은
섬 선착장에 애완견을 버리고
물거품처럼 가버린 오후다

입시 날 새벽녘 학교 문 앞에서
뜨거운 커피를 감싸 쥔 어머니
서성이던 언 발을 녹여주고
동짓달 몸 떨리는 입김서린 날
호떡을 담아 쥔 두 손
아가 한 입, 엄마 한 입
얼마나 뜨거운 겨울나기였나

손쉬운 일회용으로 빛어져
함께 타지 못한 버스를 보낸 뒤
미화원 집게에 붙들려 갈 때까지
낮달은 굳게 입을 다물었다

다 쓴 종이컵을 구겨 던지지 않는다

징검다리

내를 못 건넌 갈대가
바람에 업혀가고 싶은 12월
모서리 닳은 발 시려운 돌이
맨몸으로 주저앉은 물속에서
바람에게도 등을 내밀며 엎드려있다
물길에 끊어진 오솔길을 이어주고
세찬 물살을 버티어내는 일에
오가는 발자국마다 흔적을 새긴다
누가 쏟아놓은 상처인가

떠나는 물은 다시 오지 않는다
물을 넘어 건너뛰는 시간들
돌다리 사이 여울목에
멈추지 않는 푸른 노래여
비바람이 건너가지 않는다면
등 구부려 앉은 이마위로
겨우내 기다렸던 죽은 갈대가
시린 물을 건너 피안에 갔다

발

햇살 새어나는 양말 속에서
거친 짐 지고 언덕길 오른다
비탈진 곳에선 지지대로 서 있으면
주춧돌 위 기둥뿌리가 된다
젊은 가장 첫 출근하는
신바람 나던 휴일 나들이와
손자 처음 만나 세상 다 얻은 듯
가벼워진 몸을 떠받들었다

빛바랜 머리숱 늘어나
주머니 얇은 은퇴자가 되어
오수에 든 늙은 아내 머리맡 지날 때
고양이 발이 되었다
골다공증 연근은 진흙 속에
숨은 꽃을 피우는데
마른 발바닥은 강변을 거닐며
물밑 월척만 노린다

버스 정류장

자식들 제 식솔 거느리고 떠난 뒤
둥지에 남은 아내가 어린애가 될 때
영감이 쌀을 씻어 밥을 짓는다

무거운 옷 벗어든 목련이
울 넘어 까치발로 웃음 짓던 날
봄꽃에 한눈 판 사이
아이는 방향 잃고 집을 떠났다

가족 얼굴을 기억해내지 못하고
집으로 갈 버스는 눈앞을 지나치는데
돌아오지 않는 정신줄 놓고
함께했던 시간을 찾아 길을 헤맨다

돌아오지 못할 아내이지만
행여 찾을까 정류장에 서서
아픈 한숨 내려놓고
내일 찾을 무거운 발길 돌린다

벽시계

잰 걸음으로 벽을 걸어도
유년은 거북이 등을 탔다가
나이 먹고선 달려가는 토끼 걸음이다

발자국소리 높아 안방에서 밀려나
기둥 잡고 밤낮에 힘든 노동
키 작은 형이 가닿는 낙토
푸른 종을 울린다

키 큰 아우 열두 걸음에
한 발자국 옮긴 형을 찾고
스쳐지나 만날 때마다 찬바람이다

길고 짧은 조화로운 행보에
수탉도 새벽을 알리지 못한다
벽이 둥글게 돌아간다

빈 의자

비스듬한 가을햇살에
노인정 모퉁이를 기댄 의자에
그늘이 앉아있다

해와 달빛의 무게도 이기지 못하는
퇴행성관절염으로
버티어 서기 힘들다

푸른 시기에 젊은 엉덩이를
무릎에 앉혀 보았고
높은 벽에 못질할 때 온 몸 내어주던
정오 지난 늦은 오후

지금은 마디마다 삐걱거려
누구도 눈길조차 주지 않는
홀로 남은 의자에
허리 굽은 노인이 다가선다

상처

비둘기 한 마리 놀이터에 날아들고
바닥에서 절름발이가 된다
왼쪽 발가락이 없다
발목에 의지하여 뒤뚱거리며
흩어진 낟알 줍고 있는데
자꾸만 허공을 쪼아대는 부리
눈물도 함께 쪼고 있다

날개를 펼치지 않고도
뿌려진 먹이 쉽게 찾으며
근친상간이 낳은 불구
본적이 없어지고 아비도 버리고
남의 족보 기웃거려도
피톨마저 바꿀 수 없으니
검은 뿌리는 어디엔가 살아난다

새벽시장

엷은 빛을 안고 입김 내뿜으며
온갖 손놀림을 바탕으로
앞서가기를 겨루는
결승선 없는 마라톤 경기장이다

뛰기 전 다짐과 달리
입안에 거품이 일고
다리 밑에 숨어들고 싶은 순간들
온 누리에 축가 울려 퍼지도록
보폭마다 목숨 건 각오는
숨이 턱까지 차올라
배냇짓하던 힘까지 쥐어짰다

목이 타고 발목이 저려도
물 한 모금 쉽게 마실 수 없고
벗어날 수 없는 길 위에서
숨찬 시간을 조여 가고 있다

색안경

무동을 타고 춤추는 꿈을 깨면
금간 모습으로
빛이 내린 길섶 풀잎에 기대어
유리알 밖으로 걸어가는
검은 나뭇잎이 보인다

밝은 눈을 지켜 달라고
입김을 불어넣고
거친 오지랖에 닦아내던
숱한 풍경들
깨뜨려진 시간 속에 저물고
통곡은 해벽을 때린다

눈길도 끊어지면 혼자 저물까
햇살 한 줌 바래져
상처 하나 남기고 가고
풀뿌리 잡고 선 안간힘
젖은 눈을 끌고간다

대변항

목쉰 갈매기 노래에 새벽이 열리고
뱃고동으로 물살 가르던 작은 어선이
해거름에 봄을 싣고 돌아오면
멸치 터는 소리가 항구를 들썩인다
양손 번갈아 올려 숨을 몰아쉬고
그물을 낚아채면
하늘에 은빛그림이 튀어 오른다

바다를 누비던 힘찬 지느러미
뜯겨진 살점에 비린내 구수하다
어깨를 짓이기던 고통은
곰삭은 젓갈로 스며든다
바다를 털고 봄을 먹는 소리에
정박한 깃발은 가슴이 터진다

*부산 기장군에 있는 어항. 멸치축제로 유명하다.

심마니의 꿈

발을 씻지 않고서는 갈 수 없는
새벽 산을 오른다
짐승 지나간 길도 가지 않는다
함께 가는 오르막보다 깊은 골짜기를
마음 굴리며 홀로 찾아간다

비탈에 버티고 선 천년이나
벼랑길 에둘러 가는 백년이나
바짓가랑이 끌리고 신발에 구멍이 나도
빤한 손바닥에 눈이 끌려
앞을 가로 막는 어둠 속에서
별을 꿈꾸어 본다

좁은 어깨 보폭으로
꿈꾸던 삼을 찾아 헤매는 산비탈
한 줌 빛으로 가슴에 와 박힌
숨 멎게 하던 심이여
나뭇잎을 걷고 흙을 보듬어
꿈속에 숨어있던

산사람을 일으켜 세운다

둥지

전세계약 기한은 날개 펴고
주인 기침 소리에도 경기가 든다
오두막이라도 문패 걸 바램으로
자린고비 눈치 받으며
생애 첫 보금자리였는데

식솔이 제 갈 길 떠나고 난 뒤
서른 평 아파트 열쇠 거머쥐어도
집은 가을걷이 끝난 들판이다
한번 떠난 슬하는 돌아오지 않고
기력이 종잇장 든 듯 가벼워지면
안개 속에 젖어가는 둥지다

할머니 목매달던 손자도
사진으로 벽에 걸린 아들딸도
등 뒤에서 그림자처럼 허상으로 맴돌고
석양그늘 빈 둥지에 몸을 누이면
요양원 밤하늘에도 별이 뜬다

등대

섬을 잃어버린 수평선에
노을빛 고운 옷자락 드리우면
황홀한 구름은 시리게 눈부시다

살갑게 다가온 바람이 꽃을 깨우고
굶주린 갯내음 시장기 돋운다
해벽에 거친 숨결 잦아들면
숭어가 몸부림치던 물결은 저물어간다

뭍은 푸른 가슴을 열어
스쳐지나간 사람들 왁자한 사투리가
물결위에 춤사위를 이룬다

갯바위에 어둠이 깔리면
갈매기는 겨드랑이에 부리를 묻고
등대불빛 홀로 바다를 핥고
파도소리 먼 꿈에 항로를 찾아간다

3

모자

외발로 선 자리에서 칼날햇살 이고
숨이 찬 마파람과
밀어를 속삭이는 허수아비 정수리

메마른 논 가운데 서 있다가
알곡 탐이 난 참새들과
술래잡기 술래가 되어
농부의 가슴앓이를 잊고 살았다

바람은 숨결 깊은
핏기를 불어 넣을 듯
옷자락 잡고 흔들어댄다

가을걷이 끝난 논두렁에 기대어
남은 햇살에 벼이삭 자라고
날빛에 엉글어 가넌 낱알이
함께한 여름을 새김질하고 있다

메콩강의 눈물

야자수 그늘이 낮잠을 주고
울을 나서면 코코넛과 망고
지천에 널린 바나나가 손에 닿는
한가한 마을에서 커서
옷깃에 묻은 때를 안고
겨울이 깊은 나라에 시집을 왔다

에메랄드 꿈 대신
눈 덮인 겨울채비가 낯설다
TV연속극은 눈치로 읽고
아들에게 가르치는 모국어는
앞뒤가 바뀌어 헤매기 일쑤다
애써 끓여 올린 된장찌개가
담배꽁초를 담고 되돌아오면
떠나온 본향이 눈물 한 바가지다

말로 다 할 수 없는 생채기가
앙금으로 남는 가슴에
바람의 느낌조차 낯선 문밖에서

메콩강 밤하늘이 눈에 들었다

목련이웃

같은 벽을 기대 살면서도
승강기 안 눈빛은 어색하고
눈길 갈 곳 없는 면벽
아파트는 국경선 위다

갇혀있는 옆집 돌아볼 여백이 없고
층간소음에 배려를 놓쳐
스쳐가는 사람들 악수가 서툴다

어린이 노란가방이 눈에만 귀엽고
달려드는 애완견은
발길로 떨쳐낼 수 없어
하늘빛만 눈에 담는다

철 대문에 갇혀있는 독거노인
홀로 미라가 되어 가면
고샅길에 꽃등을 내건 목련
떨구어진 향기가 아프다

목마른 화분

봄날 주꾸미 식당 개업에
운집하는 손님들로
카드 긁는 팔목이 저려오는데
축하리본 목에 건 화초는
이슬 한 방울 적시지 못하고
홀 안에서 사지를 틀고 있다

들어서는 손님마다
웃음으로 맞이하는 인사 뒤에
몇 인분인가 셈하고 있는 주인의 어깨 넘어
잎 마른 화분에
낙동강 눈길이 멎는다

미혼모

엄마는 병마에 쫓겨
기어코 그 강을 건넜고
막노동에 허리 꺾인 아버지
엄동 창유리에 성에가 서린다

눈에 차는 옷 따라 가출하였다가
미혼모로 다시 돌아온 뒤
생계를 이어갈 기둥이 되어
찻잔 나르는 손이 되었다

돌아눕기 힘든 아버지와
아비 없는 어린 딸 학원비 늘어나
티켓다방에 발이 빠지고
막장에서 올가미에 걸려
벼랑 끝에서 놓아버린 손이다

스물넷 피워보지 못한 꽃봉오리는
목덜미째 떨어져
병든 아버지의 가슴에 묻히는데

영정 앞에 뛰어 노는 딸아이

남이섬

눈보라 속을 달리는 북행열차가
자주 발이 빠지는데
앞서가는 그림자 따라 당도하면
북한강 살얼음이 먼저 맞이한다

나미나라 독립공화국 비자 받듯
노란입장권 손에 쥔 설렘은
선착장 떠나는 유람선의
뱃고동 끝에 도착이다

눈이 점거한 오래된 숲
섬나라 13만평 둘레길에
연인들 맞잡은 손이 바람을 녹이고
물안개 자욱한 강가에
낙엽에 묻힌 방갈로가
남녘 길손의 동공을 잡는다

겨울연가 첫 키스 벤치에는
묻혀진 먼발치 기억이 앞서가고

설원에 나선 청설모가 뒹구는
동화 속 주인공
붉은 겨울이 깊어만 간다

네온사인

땅거미가 빌딩사이에 깔리면
오색불빛이 거리를 삼킨다
발등에 쌓인 어둠을 밀쳐내고
잠자는 기억을 일으켜 세우는
불빛은 마녀의 휘파람이다

눈 끌어안는 몸으로 추는 춤은
뒷덜미를 돌려 세우고
갈증을 알리는 소리 없는 함성
소멸하는 불빛 사이로
흥겨운 가락이 흐르고
취한 불나방이 날개짓한다

상징은 높이서서 위용을 부리고
저마다 전하는 말은 달라도
유혹하는 눈빛을 보낸다
몸 달구어 이루는 열정
버린 불야성이 깊어간다

놀이터

자지러지는 웃음은 집에 가고
울타리에 화려한 가을이 떨어져
길게 누운 그늘로 밀려다니다
얼굴색 변한 노인 앞으로
되돌아온 낙엽이 발등을 덮는다

빈터에 버려져있는 퀵보드 하나
고개 끄덕이며 달리던 목마는
시원한 물 한 모금이 그립다
바짓가랑이에 쓸려 윤나는 미끄럼틀에
기대선 석양이 눈부시다

발자국 커질수록 흩어지는 모래밭에
한쪽 어깨 처진 시소는
아파트 낡은 채색 속에 저물어 가고
빈 그네를 타고 흔드는 바람은
온기마저 뺏기고 발등에 쓰러졌다

눈雪

맨발로 달려온 선녀가
베란다 넘어 창가에서
함박웃음 지으며 나를 유혹한다
먼 나라에서 온 반가운 손님에
손발까지 언 몸을
가슴으로 녹여주는 강

어지럽고 얼룩진 세상을
꽃잎으로 가리어
숨소리조차 멈춰선
깊고 그윽한 낙토가 열린다

고샅길에 어깨 붙여
검둥이와 걷던 추억을
한 움큼 잦아 올리는데
회오리바람 따라
대지를 덮은 꽃을 밟고
눈에 담기는 풍경에 환호한다

다시 타는 등불

칠십년 먹은 나무를 싸늘하게 보지마라

때로는 바람에 휘청거리는 등불이지만
아직도 천만가지 뻗고픈 수액이 넘쳐흐른다

호롱불 아래 다진 뿌리라
네온사인에 어둡고 말춤은 어색하지만
살아온 만큼 꿈도 많고 그리움도 있다
이 빠진 톱날이 다가와도 흔들리지 않고
낙동강 생태공원에 서서
한강까지 달려갈 기세다

관절염은 황금빛 나이테를 그리지만
반짝이는 눈빛 앞에 잉걸불은 아니어도
북소리 울리는 따뜻한 가슴인 걸

칠백년 넘은 나무를 따뜻하게 보지마라

간이역

호수에 양떼가 몰려다닌다
머무는 곳이 쉼터이듯 발길 둘 곳 찾아
동공 속 여백을 가지고 나선다

주머니 속 햇살 한 아름 안고
수영역 하나도 수첩에 짚어가며
바닷가로 달려가는 철길 위
철거덕거리는 발자국소리 귀에 들고
눈길 훔쳐간 풍경은 멀어져간다

수평선에 나는 갈매기 구름위로 떠오르고
그물 건지는 어부 등 뒤로 부는 바람
모래 위 떠나간 발자국 더듬는다

배낭 속 가득한 조약돌에서
파도는 숱한 말들을 쏟아낸다지만
내 얼굴에 흔적 남기고간 세월
덜미잡지 못한 풍어제 노래 하나

건널목에서

차단기 내리면
경보가 울리고
빨간 경고등이 깜박거린다

정지된 시간에 건너편
길바닥에 붙박이 된 사람들
서로를 쳐다 보며 침묵이 흐른다

철로변 개망초 흔들며
열차는 경주마처럼
도열해있는 건물 사이를 비집고 사라진다

겨울나무

마지막 혈육마저 손 놓아버리고
뼈만 남은 방황으로
차갑고 매서운 바람에
맨몸으로 버텨내는 노숙자

함께하던 이웃은
종이집 가재도구만 남겨두고
마른 가슴 태울 수 없어
떠나간 가지엔 바람만 매달려있다

햇빛과 달빛도 친숙해진 길목
고라니 발자국이
화석처럼 눈밭에 남겨져도
흐르는 피는 쉼 없이 몸을 돌고

동면의 선잠 뒤척이다
햇살 한줌의 온기에 기대어
뿌리로 하늘을 헤집고 있다

계단

수정산 비탈에 그늘이 내리면
어깨 맞댄 집들이 사라지고
빈약한 불빛 새어나와
북항에 정박된 배와 눈 맞추는
하늘 가까운 불빛

발끝만 보고 오르는 좁은 길
몸을 낮추어
붕어빵 들고 가는 늦은 길
발자국이 무겁다

산동네 지켜도 욕심 없고
숱한 계단 차근차근 밟아 오르는
구겨진 벽마다 숨비소리 새어나고
아침이면 소금꽃 피어나는
햇살이 제일 먼저 다녀가는 길

고독

연전에 영감을 하늘에 보내고
아들 녀석은 제 식솔 건사하기 겨를 없어
꼭지에 말라가는 까치밥이다

밤새껏 쑤시던 무릎 혼자 견디는 법 익히고
모로 눕고 바로 펴도 통증은 그대로
밥 한술을 한나절 오물거린다

문풍지가 몰고 온 바람에 콧등 시리고
방안은 적요만 가득하여 체온에 허기진 듯
이야기꽃 피어오를 노인정에 간다

살아온 만큼 비탈져 숨 가쁜 길
여생을 지팡이로 헤아리며
정신줄 잡고 동무 찾아가는 나들이

구멍난 깻잎

뒤집어서 쌈 싸먹지만
흠집 없이 매끄러운 잎은
불안하다

벌레가 할퀴어 생채기내고
생살 뜯어 가슴 도려내지만
아물 때까지 버텨온 시간
얼마나 힘들었을까만
흠집 난 잎에 손이 간다
뚫어놓은 구멍으로 내다보이는
맑고 청명한 하늘

베풀며 살아온 상처가
몸에는 구멍 내지 않을
입안 향기로 가득하다

구포역

지하 터널을 달려온 전동차는
참았던 숨을 내쉬고
이곳에서 태양을 맞이할 것이다

구포역
낙동강이 세월을 토하며 묵묵히 흐를 뿐
거북이도 없고 포구도 잃었는데
연인들의 그림자 서성이고 있다

오일장에 항일의 함성이 귓전에 맴돌고
십이열차 기적소리 여운이
강물에 은빛으로 출렁인다

햇살 한 아름 하늘 한 조각 안고
김해 들녘으로 떠나간 자리
따르지 못한 강바람이 감아 도는
햇빛 살가운 풍경에 취한다

그대 마중하러 간다

물위를 맨발로 건너온
귓불 스치는 샛바람이 아직 차가운데
화명동 생태공원 가는 길
낙동강변 버들가지 끝에
연둣빛 입술이 오물거린다

그대 맞이하러 십리길 걸으면
새싹 향기가 코끝을 간지를까
십리를 더 걸으면 미소 띤 얼굴 마주칠까
거기서 또 오리를 더 가면
제비들과 수다 떨며 돌아올 수 있을까

재두루미 멀리 소실점을 찍어가고
샛강 풀리는 발자국 소리에
강변 자갈밭을 거닐며
조막손 흔들어 수며 온봄으로 웃음 짓는
아지랑이 따라 오고 있을
그대 뜨락에 마중하러 간다

그 사람

울 허물어 식솔 내몰고
자유를 선택한 길
문에 딸린 비밀번호 하나 없이
길 위에선 뼈마디다

시든 풀잎처럼 내몰린 언약에
빛을 잃고
눈동자 둘 데 없어 어둠만 깊어졌다
공원 무료급식소를 다녀와
지하상가 분수대에 앉아 시간을 죽였다
종이 박스를 두르고 누운
바닥은 딱딱하고 차갑기만 한데
홀로된 노모는 누가 돌보나

석양이 오는 모서리에 생채기를 내고
소주잔에 채우는 별빛이
백내장으로 깊어져 흔들리면
움켜쥔 주먹이 훔치는 눈물
회오리쳐 폭풍이 지난다

벼랑 끝을 놓지 못해
아침이면 다시 길을 나서지만
돌아갈 꿈조차 잃어버린 그 사람
쓰러뜨린 술병과 같이 눕는다

길 위에서

매운바람 길 위에 서면
가로등 불빛 속에 어둠이 숨어들고
눈가에 졸음이 매달려도
식솔들 꿈길로 달려야하는 새벽
하루에도 수 없이 스쳐가는 벼랑 끝
가슴 쓸어 내려야하는 시간이 매달려있다
넘나드는 문턱 포기하지 못해
한낮에도 브레이크를 자주 밟았다

길을 막는 신호등은
가속페달을 흔들리게 하고
딸아이가 걸어준 염주가
룸 밀러에서 기도를 대신하며
멀고먼 귀가를 재촉한다
길 위의 곡예사
출렁이는 물결에 생계를 던져놓고
엇갈리는 신호등 불빛 따라
젖은 몸을 던져 줄을 탄다

질경이

바람에 짓밟혀 피멍든 자국에
푸른 절규를 발밑에 내리고
힘줄을 세워 죽지를 편다

꺾이기 전에 성장을 포기한 채
길바닥에 드러 누었다가
내가 나를 밟고 다시 산다

몸 낮춰 살아가기에
거들떠보는 이 없지만
꽃대만은 허리 펴
하늘 가까이 일어선다

온몸을 땅에 기대어
처다 보는 건 푸른빛으로 족하다

해벽 위 바위틈새 소나무가 되어
홀로 서 있지 않으려고
길섶에 몸 낮춰 살고 있다

동백꽃 질 때

숨죽여 기다리는 눈을 깨워
봄으로 가는 길목
처마 끝에 고드름 물고
문풍지 흔들어대는 설익은 바람에
고개 떨구며 홀로 떠나온 길

잔설 가지에 모자 쓴 봉오리가
눈보라 칠수록 솟구치는 열정으로
선혈을 쏟아 놓더니
붉은 입술 가지 끝에 걸어놓고
노을 걸린 창가에서
꽃 지는 그림자 어른거릴 때
모가지 떨어지는 비명에 동박새 운다

꽃 진다고 누가 별빛을 탓하랴
열매를 위해 떨구어 내는
뜰에 내린 달빛이지만
추락하여 뒹구는 속내는
송이째 꺾어지는 눈물이었다

4

고향

그림자 길어진 한낮
포플러 잎 크기의 열차표 한 장으로
가슴 한켠 풍경을 가지고 나선다
팔 잡고 매달린 사과에
허리 꺾어질까 지팡이에 기대섰고
메뚜기 등줄기도 익어간다

걷던 길 느티나무 정자 아래
풀어쓴 케이블선 얼레를 엎어놓고
산채무침과 파전으로
동동주 한 사발에 정취를 느낀다
어디서 왔는지 관심 없는 할머니 한 분
가을걷이 준비에 분주하다

잔에 넘치도록 고요한 마을
누렁이는 낯선 손님에게 꼬리 흔들고
목쉰 기적 멀리서 울리면
가슴 풍만한 석류가 얼굴 붉힌다

고향역

오랜만에 선 고향역 앞
사라진 기적은 귓전에 맴돌고
이정표만 덩그러니 역사를 지킨다

다가온 먼 산은 옛 모습 그대로인데
들녘에 풀꽃은 낯설기만 하고
버드나무에 까치도 초면이라네

철길 위로 달려와
아스라이 떠오르는 그 추억
막걸리 사발에 찰랑거린다

그대 앉았던 자리 빈 의자만 남아
그렇게도 그립던 옛집에
마음 하나 두고

가난

굶주린 항아리를 안고
하늘도 햇살 주기를 꺼렸던
한 그릇 갱죽으로 배불리는 종일
잠들기에는 눈 깊은 밤이다
장리곡으로 연명하던 춘궁기에
사카린 넣은 배추뿌리와
끼니로 이어주던 송기떡
그 향이 입안에 맴돈다

공출로 떨어져나간 낱알들을
꿈에다 가득 채우고
소금물에 찍은 주먹밥으로
허기진 6.25 동란을 보냈다
분단을 들어보지 못한 풀잎을
화약연기로 돌려 세우고
곰 발바닥이 된 어머니 손
탈곡기 앞에는 애기무덤 하나

길 카페에서

전장에서 되찾은 들판에
수확을 포기한 나락이 쓰러져있고
금성산 봉우리가 쓴 하얀 모자
잎을 떨어낸 은행나무 가지 끝에 걸렸다

허기진 잔 속에 노을이 고인다
어미 찾는 송아지 울음 물들고
처마 낮은 집 뒤안에서
갈증으로 뒤틀리던 시래기
멀리 갱죽 속 밥알을 씹었다

나는 노을을 마셨다
등에 붙은 뱃가죽을 떼기위해
김도 빠져나간 뜨거움에
시래기 갱죽은 입천장을 벗겼다
불거지는 배꼽이 웃었다

어머니 눈물 고인 따뜻한 죽 한 사발
겨울 한낮 떠오르는 햇살

언 손 녹여 커피 잔을 들면
아랫목 구들장에 발이 묶인 카페
구수한 커피에서 갱죽 맛이 돈다

까치밥

울타리에 기대선 늙은 감나무에
가을 서리 내려 앉으면
어깨위에 걸린 까치밥은
달빛 안은 등불로 고샅길 밝힌다

꽃잎 지고 풋감 굵어가던 날
왕바람이 천지를 흔들었고
작열하는 태양에 떫은 사랑을
온몸 달구어 빚은 얼굴이었고
하늘 가르듯 번쩍이는 번개와
사나운 우레의 포효에
쏟아지는 빗줄기 받아낸 고통이었네

찬 서리에 농익어가는 등불로
언젠가 길잡이 될 다짐은
엷어져가는 볕살아래
부끄러운 얼굴 숨길 수 없다

*왕바람 : 풍속 28,5~32,6미터로 해상에는 산더미 같은 파도가 이는 거센 바람

바람에게 우전을 맡기다

등줄기 오그라드는 가마솥에
봄빛을 덖으며 풋내를 익혔다
깊은 맛 안고 웅크렸던 속살
다관에서 하나씩 주름을 펴고
품고 있던 편지 풀어 놓는다

우전은 달빛이 빚어낸 입김이다
가슴에서 우려낸 짙은 향에
낯선 어둠을 밀쳐내고
혀끝에 감도는 한 모금이
손톱 끝에 가시를 뽑아낸다

토라져 헝클어진 머리카락 가라앉히고
찻잔 든 손끝에 떨려오는 온기로
색과 진한 눈빛 주고받는데
잔속에서나 볼 수 있는 바람아
하늘 향해 안부나 실어다오

배꼽

칼날 여름을 빌미로
윗도리 짧은 초록빛 여인은
배꼽을 내놓고 뒤를 살피지 않는다

양수 속에 거꾸로 들어
숨 멈추고 들이키던 엄마젖
입술대신 열 달 동안
이어주던 생명줄 흔적 아니더냐

한 생명 피워 올린 수고는
빛나는 별빛으로 걸어두고
낮은 자세로 물러나
드러내지 않았으면 몰랐을 비밀
궁핍한 옷에 폭로되어 춤춘다

어머니가 잠결에도 감춰주시던 배꼽
엄마 손길을 알려주던 시계는
값진 상속에 옷섶을 여민다

숨겨진 비수

황혼이혼 늘어난다는 뉴스에
힐끗 쳐다보는 아내
무슨 의미일까
이혼하면 재산도 연금도
반으로 나누는 것
그놈의 법이라 했더니
성격 탓이란다

'이혼한 과부에겐 깨가 서 말이고
홀아비는 이가 서 말'

아내가 혼자 내뱉는 오금저리는 소리
숨겨둔 비수가
노을빛에 번쩍이는 순간
등골이 오싹해지는데
돌아서서 미소 짓고 있는 아내

식탁

짧은 치맛자락 아래
각선미로 눈길 끌어
별들이 눈길 주며 둘러앉았다

바다가 밀려오고
산을 옮겨와
들판을 버무려 놓은 반찬
등짐으로 맛깔나게 봉사한다
바람이 흔들던 잎이다가
강물이 뽑아 올린 뿌리이다가
입맛을 졸이고 버무려 놓았더니
우는 아이 피자로 달래고
부침개는 강 건너서 손사래 친다

잃어버린 고추장
된장은 발코니에 주저앉아 있는데
김치마저 이민을 떠나
떨어진 손맛 갈 곳이 없네

아가 얼굴

저마다 깃발이 되어
기다렸던 밝은 얼굴
눈 거울에 비치는 샘물

옹알이로 아침을 열어
보챔으로 부대끼던 조막손이
마주치는 눈웃음에
접힌 주름살이 사라진다
눈 속에 담긴 별빛 쏟아내면
가던 길섶에 꽃이 환하다

아무도 울지 않는 유채 꽃밭에서
오래 기억될 배냇짓을 눈에 담고
숨겨진 속내는 바닥까지 보인다

아내

다른 물 마시고 자라나
가야할 길이 서로 달랐지만
첫눈 끌림에 먼발치에서도 빠져
달음박질로 맞은 내 반쪽

더러는 맵기도 한 입맛에 맞추고
코골이 높은 음표에 살찌우며
개구리울음 소리에도 웃었던 새댁
아가 첫울음 터뜨린 날 미역국 올려주고
손잡고 함께하는 친구되어
내 작은 일에도 웃어줄 꽃

슬하에 울타리 둘러치고
태양이 서산을 넘어갈 때
자반고등어 살점 밥숟가락에 올려주며
함께 나누는 체온이 살갑기도 하다

아내의 손

손사래 치며 토라질 때 있지만
잡으면 불꽃도 사위어 들고
다음날 함박꽃으로 피어난다

사이좋게 오남매 함께 가는 길
지치지 않는 일손으로
기둥을 떠받드는 버팀목이 된다

개구쟁이 편식 고치려
밥그릇 들고 쫓아다니며
식성 겨누어 간 맞추고
혀끝에 녹아드는 감칠맛을 버무린다

푸른 혈관 불거지는 야윈 손등에
마디마다 고통을 감추어 두고
가지 많은 나무가 합장하고 있다

아버지

엷은 빛을 등에 지고
안개 낀 들녘으로 향하시던 걸음
농사의 아침은 해 뜨기 전
헛기침 한번 남기고 사립문 밖으로 가신다
식솔들 가벼운 입에 들판으로 내몰려
울 없는 벼랑에 선 황소처럼
더 이상 나아갈 수도 없는 밭머리에서
거친 땅을 파고 계셨다

다니지 못한 학교는 자식이 대신하고
약한 모습 보이지 않아도
먼저가신 어머님 무덤 앞에서
작은 바람에도 몸 떨리는 망초꽃
손 잡아주고 어깨 토닥여주는 눈빛은 없어도
남기신 빈자리가 너무 넓어서
당신처럼 아끼던 눈물이 절반 섞인
잔속에서 뵐 수 있는 모습

우전이 봄을 풀다

깃발을 높이 흔들자는
목련나무 권유를 뒤로하고
조막손 펼쳐 높새바람 휘젓다가
찻잎 따는 눈 고운 손에 잡혀
깊은 맛을 덖어 간직해 왔다

골수에 담아 지켜온
쌍계사 골짜기 바람 향기를
품속에 말아 넣은 움츠림
발바닥 붙일 수 없는 열기에
여린 몸 다독여 견뎌온 시간들

통증을 발효시킨 향기마저
앗아갈 바람에 주름으로 움켜쥐고
눈물마저 진액으로 우려내는
백자 다관 온열한 유혹에
속살 펼쳐 봄을 풀어 놓는다

차향

별빛 지나는 발자국 소리에
어둠 지우며 깨어난 미소
하늘 펼치는 깃발을 흔들더니
사발 속 향으로 시나브로 피어난다

우전 순이 품어 온 고운 향에
샛바람 밀어가 묻어나고
차를 달이는 결 고운 손길이 흐른다

다관 속에서 구부렸던 몸을 풀면
기어코 연둣빛 입술로 살아나
마주한 사람 눈빛도 여리게 한다

찻잔을 받쳐 들면
손바닥으로 따사로운 불꽃이
속삭이듯 다가오고
눈으로 음미하면 가슴이 젖는다

잎들이 뿜어내는 언어들의

잡히지 않는 몸짓에
연인은 눈으로 향을 그린다

천사바람

참았던 한 모금 입김이다가
한 잎 낙엽으로 굴러다니다
문틈 사이로 비집고 들어와
내놓은 콧등 시렵게 하더니

염천에 소낙비 한 줄기 애원하는
등줄기 타고 내리는 땀방울이
흔들림 한 점 아쉬울 때
산등성이 타고 넘는 피리소리로
타는 삼복더위 이마 식히려
불어오는 바람 줄기 눈물이고
이마저 없다면 얼마나 무거운 발이며
숨통 막히는 한나절이랴

가냘픈 넋을 위로하는 단애 밑에
촛불 흔들고 가는 손짓보다
영감 끼니 위해 아궁이 불씨 살리려는
할멈 합죽한 입김 한 점

풀

혹한의 칼바람에도
땅속 깊이 몸사려오다
동백꽃 모가지 째 떨어지는 때
햇살 어깨 짚고 눈을 내민다
돌봐주지 않는 몸이
지천으로 흩어져가는 피붙이들
뜯겨나가고 뽑혀져도
지워지지 않는 이름이 된다

호미날에 걸려 목이 잘려도
깨밭머리에 내던져진 눈물방울
두엄 한 줌 없는 눈칫밥에
누가 쓰다듬어 위무해 줄까
아침이슬 춤추게 하고
바람을 뛰지 못하게 흔들어
한줌 흙 모다 쥐고
비탈진 언덕을 끝없이 갔다

풋고추

네온빛에 키가 큰 여인이
아파트 베란다에서 된장을 담그고
화분에 옮겨온 고추모종
햇살 잘 안 들어 염려했지만
세 살 손주 키 높이로 자라 주었다

끼니조차 잇기 어려운 그때
열무김치 보리밥에
풋고추 찍어먹고 냉수로 입 헹구던
알싸한 고향 맛

열무김치에 밥을 비며
오랜만에 풋고추를 베어 문다
6월 발코니에서 맛보는
그리운 매운맛이 돌아온다

홍룡사 폭포

물길 끊어지는 함성이
골짜기에 적요를 깨뜨리고
산부처를 위한 환상곡으로
폭염에 시든 가슴을 친다
몸을 던져 물보라를 날리고
무지개 띄워 올린 비경이
멈춘 발길 눈을 잡는다

떨어져 부서진 아픔으로
깊게 고여 멍든 상처를 삭이는데
바람도 지나며 물비늘 쓰다듬는다
관음전에 피어나는 향불연기 삼키고
바위에 때 절은 이끼 씻어 내리며
내린 별들이 빛을 다듬는 곳
귓전에 울리는 끊어진 설법은
빛도 어둠도 떨쳐두고 가라네

*홍룡사: 경남 양산시 천성산에 있는 절

□발문

삶을 향한 모성애적 감성

강 영 환

□ 발문

삶을 향한 모성애적 감성

강 영 환 (시인)

나는 '시를 왜 쓰느냐'는 질문을 자주 받는다. 특히 수식어로 '돈도 안 되는'이라는 말을 덧붙일 때는 난감하다. 시를 쓰는 것은 돈을 벌기 위한 목적이 아닌데 그것을 경제적 관점으로 생각하는 것이 생뚱맞게 보인다. 그러나 그 질문은 세속적인 사람들이 할 수 있는 지극히 상식적인 것이다. 자본주의 사회에서 경제적 가치로 환산하려는 일은 당연하다. 그에 대한 해답을 찾기 위해 스스로 묻고 답해 오기 수십 년, 그러나 그 답은 개인적일 수밖에 없는 내용, 그 이상은 아니다. 시를 써나가는 일을 자아를 찾아가는 방법론 중의 하나일 것이라고 나는 생각했다. 그 생각은 지금도 변하지 않고 앞으로도 그럴 것이다.

화가는 그림을 그리면서, 음악가는 음악을 하면서, 식당을 경영하는 사람은 식당일을 하면서, 직

장인은 자신에게 주어진 일을 하면서 자아를 찾을 것이다. 종교인들이 자신을 신앙생활 속에서 신을 마음 안에 들여 놓듯 시인은 그렇게 시를 통해서 자신의 존재가치와 삶에 의미를 부여하는 것이다. 그러기에 돈이 되지 않더라도 시 한편의 성취를 위해 시간과 땀을 아낌없이 투자할 수가 있는 것이다. 그러므로 시인에게 왜 시를 쓰느냐고 묻는 일은 어리석은 일이다. 그것은 바로 시인이 사는 방법이기 때문이다. 대접 받고 싶다거나 멋있어 보인다든가 주체할 수 없이 시간이 남아돌아 시를 쓰는 것은 아니다. 시 쓰는 일은 쉬운 일이 아니며 고통과 인내를 수반하는 고도의 정신노동이 포함된 구도 행위인 것이다.

변 송 시인은 2012년 「문학예술」로 등단한 늦깎기다. 평생 공직에 몸담고 봉사해오면서 나라를 위해 많은 시간을 보냈다. 이제 공직생활을 마감하고 10여년이 지난 뒤 문득 자신의 시간을 갖게 되었을 때 무엇을 할 것인가? 스스로에게 물었을 때 가장 먼저 다가온 것이 문학이었고 그 중에서도 시를 통해 자아를 구현해 보고 싶어졌다. 늦어도 많이 늦게 시를 만난 것이다. 그러나 시가 자신이 가야할 자아를 찾는 일이라면 이르고 늦는다는 의미가 별 소용없는 일이 아닌가. 이르면 무엇을 할 것이며 늦다고 하면 무엇이 또 늦은 것인가? 자신의 존재에 대한 가치를 찾는 일은 늦고 빠른 것에 국한될 필요가 없는 것이 아닌가. 시를 배우고 시에 대한 이해의 폭을 넓혀 갈수록 깊이 있는 삶에 행복을 느낄 수 있다면 그보다 더 황홀하고 멋진 삶이 어디 있겠는가. 결코 늦다는 의미가 시를 쓰고자하는 마음을 예속하지는 못한다. 단지 얼마만큼 투철한 시를 만날 수 있을 것인가가 눈앞에 놓여진 관건이며 사명일 수밖에 없다. 누가 알아주던 알아주지 않던 그건 결코 중요한 일이 아니다. 아름답고 행복한 삶을 위해서 자신에게 시는 존재하고 시가 전해 주는 숱한 사물들과 사람들의 일상이 자신에게 빛나는 생을 구축해 줄 수 있기 때문이다.

우리 현대인들은 경제사정에 쫓기고, 시간에 얽매이고, 인간관계의 틀에서 벗어날 수가 없다. 특별한 힐링이 필요한 존재들이다. 눈앞에 놓인 기계는 인정머리가 없고, 시간은 여유도 없이 째깍거리며 뒤를 밀치며 오고, 사람들은 한 치의 실수도 용납하지 않으려는 듯 눈 부라리고 감시한다. 늘 쫓기는 일들이 삶의 밤낮을 편하게, 행복하게 만들어 주지 못한다. 그래서 〈지금-여기〉는 마음에 정처를 갖지 못하는 사람들이 많을 수밖에 없다. 사람들은 이전 세대들만큼 행복하지 못하고 또한 불확실한 미래가 기다리고 있을 뿐이다. 알아야할 지식이 많아진 만큼 늘 시간이 부족하고 몸은 바빠지게 되었다. 도대체 무엇이 사람들을 바쁜 일상 속으로 내몰고 있는가.

벗어나고 싶고, 위무 받고 싶은 사람들이 많아졌다. 시간으로부터 자유롭고 싶고, 문명의 이기들로부터 해방되고 싶고, 사람들로부터 벗어나고 싶다. 소외 받고 상처 입은 존재들은 한 가닥 맑은 바람이 필요하고, 나무와 숲이 필요하고, 가냘픈 꽃잎의 숨소리가 필요하다. 사람들은 언제부터인가 자연을 배반하며 살아왔다. 개발이라는 이름으로 함부로 자연을 훼손하고 오염시키며 이기적인 삶을 가져왔다. 그 결과 사람들은 자연으로부터 버림을 받았다. 자연에 동화되지 못한 삶이 결코 행복할 순 없다는 것이다.

광장 자투리에 놓인 타이어
발바닥이 상처투성이다
눈길에서 벗어나 말라가고 있는
한때는 통통 튀던 신발이었다

어둠을 건너 안개를 지우며
언덕길을 넘어오지 않았던가

흔들거리는 자갈밭도 가야한다는
등 떠미는 엄숙한 소명을 따랐다

가시밭길을 걸어온 맨발이었을까
바람 빠진 몸으로 누워있고
버림받은 텅 빈 가슴에
구멍을 뚫고 비를 맞는다

햇살 부신 한낮을 지나
더 버릴 것 없는 빈 몸으로
머물던 자리에서 가랑잎처럼
돌아눕지 못하고 잠에 든다

「폐타이어」 전문

지난 시절에는 폐타이어 같은 것에 언제 마음이나 두었던가? 아니 그럴 여유도 없이 바쁘게 살아오지 않았는가. 이제 늘 바쁜 공적인 일에 손을 놓고 멀어져서 객관적 시선으로 자신의 주변을 되돌아 볼 여유가 생긴 것이다. 주변에 하찮게 널려있는 사물들로부터 삶의 의미를 듣게 된다. 시인은 그런 것이다. 남을 사는 것이 아니라 자신을 사는 것이다. 나와 상관없다고 여겼던 폐타이어까지 나를 위해 그곳에 존재하고 있다는 사실을 발견할 수 있는 여유를 갖게 된 것이다. 이것 있음에 저것이 있다는 불교의 연기설을 들먹거리지 않더라도 사물로부터 세상을 살아가는 지혜를 들을 수 있게 되었고, 삶의 의미를 추출해 낼 수 있게 되었다. 어디 그 뿐이랴 그것들을 사랑하게 된 것이다. 시인은 사물을 사랑하는 것으로부터 시적 전망을 얻을 수 있게 된 것이다. 그러기에 변송 시인이 발견한 폐타이어는 어쩌면 자신의 모습이 투영된 사물로써 더 깊은 애착심을 가져오지 않았나 생각된다.

변 송 시인은 생활 주변에 널려 있는 친숙한 일상이나 사물들로부터 존재의 의미들을 찾아내는 작업을 끈질기게 추구한다. 그럼으로써 위무 받고 자신이 속한 의미공간을 구축해 나가는 일이다. 그럴때 우선 쉽게 접근이 가능한 것은 자연을 만나는 일이다. 시인은 자연으로부터 삶의 지혜를 찾으려 한다. 삶을 꾸려가는 인간의 존재를 먼저 넉넉한 자연의 품에서 확인하고, 자연을 바라보는 즐거움을 공유한다.(「개망초」) 행복한 사람들은 결국 자연과 어우러진 삶을 추구하고 자연 속에서 아름다움을 발견하는 즐거움을 만끽한다. 변 시인은 자연과 어우러진 삶에 대한 해석과 재구성을 통해 자신이 살았던 삶의 의미를 확인해 보고 스스로의 자아를 찾고 싶은 것이다.

허리 굽혀 사는 일이 힘들어
하늘 들이는 몸부림이었고
풀잎 언어를 들어 주는 이 없어
별빛에 호소하는 수화였다

손가락 굽혀 조롱하고
힘없이 떨군 고개를 젖혀들고
기둥을 바로 세우려는 힘줄이
신명난 어깨위에 돋는다

말뚝이와 상좌가 탈을 쓴 채
접어둔 속내를 펼쳐놓고
맺힌 설움 풀어주는 강물이다

몸짓으로 외치는 아우성에
저당 잡힌 가슴 후련해지고
북소리 장단에 깨어나는 별들
하늘이 잠을 깨운다

「탈춤」 전문

탈춤은 자신을 숨기고 세상을 풍자하는 도구로

사용되는 춤이다. 그러기에 익명성이 강조되어 더 깊이 있는 해학과 질펀한 삶의 너스레를 표현해 낼 수 있다. 삶이 힘들어서 하늘의 기운을 들이기 위한 몸부림이거나 가냘프고 힘없는 작은 풀잎이 하는 말을 아무도 들어주지 않아 온몸을 투사하여 띄워 보내는 수화로 풀어내는 시인의 의식이 돋보인다. 더구나 손가락을 구부려 조롱해 주고, 떨구었던 고개를 젖히고 비뚤어진 기둥을 바로 세우려는 정의의 기사도 정신을 드러낸다. 접어둔 속내를 분연히 펼쳐 보이며 도도히 흘러가는 강물인 것이다. 맨 정신으로는 말하지 못한 토하고 싶은 말을 탈이라고 하는 가림막 뒤에 숨어서 맘껏 펼쳐 보인다. 핍박 받는 키 낮은 서민들이나 민중들의 억하심정을 속 시원하게 다 쏟아내게한 작품이다. 그것이 시인이 가진 자유다. 맘껏 언어를 휘두르며 시간과 공간을 초월하여 치닫는 상상력, 그것이 시인에게 주어진 특권인 것이다.

버려진 것들, 낮은 사물들, 소외 받는 것들에 대한 관심집중과 의미 영역의 확대는 이 시집에 드러난 특징적인 모습이다. 그것들에게 따뜻한 의미를 부여해 주고 의미 속에 숨은 지혜나 아름다움을 찾아낸다. 그리고 감정 이입을 통해 폭넓은 상상력에 도달한다.

내를 못 건넌 갈대가
바람에 업혀가고 싶은 12월
모서리 닳은 발 시려운 돌이
맨몸으로 주저앉은 물속에서
바람에게도 등을 내밀며 엎드려있다
물길에 끊어진 오솔길을 이어주고
세찬 물살을 버티어내는 일에
오가는 발자국마다 흔적을 새긴다
누가 쏟아놓은 상처인가

떠나는 물은 다시 오지 않는다
물을 넘어 건너뛰는 시간들
돌다리 사이 여울목에
멈추지 않는 푸른 노래여
비바람이 건너가지 않는다면
등 구부려 앉은 이마위로
겨우내 기다렸던 죽은 갈대가
시린 물을 건너 피안에 갔다

「징검다리」 전문

이 작품은 개울에 놓여 있는 징검돌에 관한 단상이다. 이 시에는 물이 가로놓여 흐르는 개울의 이쪽과 저쪽을 이어주는 돌들이 의미를 간직하고 살아나는 풍경이 있다. 내를 건너지 못하고 있는 갈대, 차가운 물에 발을 담그지 못하고 망설이고 있는 모습으로 개울가에서 서서 죽은 갈대를 되살려낸다. 죽은 갈대에게 생명을 불어 넣는 것이다. 돌들이 그 차가운 물속에 등 구부리고 엎드려서 갈대가 건너갈 수 있게 만들어 준다. 이쪽의 길과 저쪽의 길을 그 돌들이 이어준다. 길을 이어주는 돌은 딛은 발자국 흔적으로 등이 닳아빠져 있다. 그 흔적은 원래의 모습에 난 상처일 수도 있다. 돌들 사이 한 번 흘러간 물은 돌아오지 않는다. 아니 돌아오지 못하는 시간으로 흘러간 것이다. 겨울이 지나고 오래 기다렸던 죽은 갈대가 이승에서 저승으로 건너가는 징검다리 역할을 한다. 삶과 죽음에 대한 오묘한 상관관계를 숨겨놓은 작품이다. 이렇게 철학적인 명제가 녹아 든 작품들은 시인이 그동안 살아왔던 삶의 깊이를 보여주고 있으며 여러 작품들에서 그 모습이 발견된다.

변 송 시인은 우리가 생활 주변에서 흔히 만날 수 있는 자연물 중에서도 식물들을 주의 깊게 관찰한 모습이 많이 나타난다. 물론 여행을 통하여 많은 단상을 끄집어낸 경우도 있다. 섬, 산사, 성류굴, 와인터널, 오어지, 창선대교, 청사포, 화명역, 남이섬, 건널목, 구포역, 고향, 길카페, 홍룡사 폭포들이다. 이렇게 직접 체험에서 보고 듣고 느낀 일들을 시로 풀어내어 삶의 활력을 되돌리고 있기도 하지만 시인의 주 관심사는 식물군이라 본다. 식물과 만났을 때 시에 역동성을 가지는 경우가 많다. 동백나무, 가을 장미, 갈대, 개망초, 낙엽, 단풍, 가로수, 목련, 깻잎, 풀, 풋고추, 까치밥 등 식물들이 대부분을 차지하고 대신에 동물들은 그리 많지가 않다. 그래서 식물적 상상력으로 채워져 있는 시집이라 할 것이다. 많은 시인들이 그래왔던 것처럼 동물보다는 식물이 우리 생활과 보다 가까이 있고 우리 삶을 형상화하고 상징하는데 용이하다 할 것이다. 단지 차별화된 상상력이 절실하게 필요한 부분이 될 것이다. 그 대표적인 예가 아래 작품이다.

같은 벽을 기대 살면서도
승강기 안 눈빛은 어색하고
눈길 갈 곳 없는 면벽
아파트는 국경선 위다

갇혀있는 옆집 돌아볼 여백이 없고
층간소음에 배려를 놓쳐
스쳐가는 사람들 악수가 서툴다

어린이 노란가방이 눈에만 귀엽고
달려드는 애완견은
발길로 떨쳐낼 수 없어
하늘빛만 눈에 담는다

철 대문에 갇혀있는 독거노인
홀로 미라가 되어 가면
고샅길에 꽃등을 내건 목련
떨구어진 향기가 아프다

「목련이웃」 전문

목련이 내려다보고 있는 우리 삶의 현장을 보여주고 있는 작품이다. 이웃이 있어도 이웃이라 할 수 없는 사람들과 마주치는 일은 불편하기 그지없고 이런 삭막한 풍경을, 우리가 무심코 지나쳐 버리는 그런 풍경이다. 삶의 아픔을 직접적인 서술보다는 목련이라는 매개체를 가져와서 뼈 속으로 느끼는 아픔이게 만든다. 현대인들이 살아가야 하는 오늘 이 땅의 부조리와 불합리, 소외와 핍박받는 이들 모두를 아우른다. 현실을 직시하고 비판하는 작품들을 쉽게 만날 수 있는 것도 시인의 관심사가 바로 우리네 삶이고 인간이 추구해야할 행복이라는 대전제에 충실한 모습이 아닐까 한다.

그 증거들로는, '길을 건너지 못하고/건널목에서 서성거리는 맹인' 「흰지팡이」), '버스 승강장 의자에 놓인 종이컵' (「종이컵」), '내를 건널 수 있게 놓인 징검돌' (「징검다리」), '다문화 가족들의 애환' (「메콩강의 눈물」)이나 그리고 노숙자들의 삶(「그 사람」)에서 알고 있지만 외면해 버리는 아픔들을 떠올린다. 이 외에도 발, 버스정류장, 벽시계, 빈의자, 상처, 새벽시장…등 시의 소재가 된 내용물들은 생활 주변에 숱하게 널려있는 낯익은 것들이며 이들 속에 내재된 부조리와 불합리에 쉽게 반응하는 모습을 띤다. 왜 이런 아픔과 불합리에 빠르게 반응하는 것일까. 이렇게 함으로써 자기 치유를 할 수 있는 부분은 아닐까 여겨진다.

바스라질 허공 속으로 떠나기 전
옷 한 벌 갈아입히는 어미 마음이
이토록 붉은 눈물에 물들었다

「단풍」 부분

어미 마음이다. 세상을 바라보는 시각이 모든 사물의 어미와 같은 마음일 때 아픔이나 불합리, 부조리가 눈에 보인다. 그리고 그들을 껴안을 수 있는 포용력이 생긴다. 그런 뒤에 자신 안에 스트

레스로 남은 찌꺼기들을 치유할 수 있게 된다.

방파제를 삼킬 것 같은 높이와
종일 사투를 벌인 어부는
등대에 기대어 어둠을 덮고
항해지도에 빠져 든다

먼 바다에서 비수를 품은 해일이
한 판 결전을 벼르고 있을 것이다
죽살이 끈을 놓지 못한 어부는
다가 설 여명에 눈을 붙이고
비린 만선의 꿈을 포기하지 않는다

손바닥은 늘 젖어 있어야 하고
선착장 불빛이 야위어지기 전
어둠에 바람이 잠든 사이
어부는 항구를 박차고 나선다

「출항」 전문

어렵고 힘 든 삶일지라도 늘 출항을 꿈꾸는 어부처럼 시인은 작품에 몰입한다. 그것이 곧 자신의 존재를 확인하는 방법이기 때문이다.

'밥 빌어먹을 짓인 시는 무엇 때문에 쓰지?' 이런 아둔한 물음에 대한 답은 불필요하다. 그냥 묵묵히 유토피아를 향해 걸어가는 시인의 뒷모습이 답이 되기 때문이다.

쉽게 말해서 시는 경제적 가치보다는 정신적 가치가 높다. 그것이 바로 경제가치가 있다는 것이다. 그 말은 글쟁이들의 자기 위안에 불과한 말이 되겠지만 그럼에도 불구하고 시인들은 끊임없이 시를 쓰고 시집들이 하루에도 수백 권씩 세상에 쏟아져 나온다. 경제적 가치보다 분명 더 높은 헤아릴 수 없는 정신적 가치를 지니고 있기에 가능한 것이며 분명 매혹적인 유혹이 숨어있기 때문일 것이다. 변송 시인이 오랫동안 시를 붙들고 씨름하는 이유도 그런 이유일 것이리라. 이 시집 한 권으로 더 많이 행복해 하는 변송 시인을 상상해 본다. 끝으로 돈 되는 일이 아닌 시 쓰기가 좀 더 내면화되고 한 층 더 높은 예술의 경지를 보여줄 것을 기대해 본다.